*PRIX : 60 CENTIMES*

**?**

# INTERNACIA

ou

# VOLAPÜK

Par Léopold EINSTEIN

Traduction de Auguste DEMONGET

---

PARIS
LIBRAIRIE FRANÇAISE & ÉTRANGÈRE
AUGUSTE GHIO
ÉDITEUR
PALAIS-ROYAL — 1, 3, 5 & 7 — GALERIE D'ORLÉANS

**1889**
REPRODUCTION AUTORISÉE

# EXAMEN CRITIQUE DU VOLAPÜK

UN NOUVEAU SYSTÈME DE LANGUE INTERNATIONALE :

## L'INTERNACIA

### DU D^r ESPERANTO

PRÉSENTÉ PAR LÉOPOLD EINSTEIN

TRADUCTION DE

AUGUSTE DEMONGET

PARIS
LIBRAIRIE FRANÇAISE & ÉTRANGÈRE
AUGUSTE GHIO
ÉDITEUR
PALAIS-ROYAL — 1, 3, 5 & 7 — GALERIE D'ORLÉANS

1889

REPRODUCTION AUTORISÉE

# AVANT-PROPOS

« Depuis Balthazar Claës, Descartes et Leibnitz, l'idée d'une langue universelle n'a pas cessé de hanter l'esprit des chercheurs. C'a été peut-être, avec le mouvement perpétuel et la direction des ballons, l'écueil où ont sombré le plus d'intelligences.

Son importance ne se discute plus, au siècle de la vapeur et de l'électricité, en cette époque d'activité fiévreuse, où la vie sociale, cessant d'être claquemurée comme autrefois dans le cercle étroit des frontières, doit rayonner, sous peine de mort, sur l'univers entier ; où Melbourne, San-Francisco, Zanzibar, Shang-Haï ou Batavia sont plus près de Paris, au propre comme au figuré, que ne l'étaient, pour nos pères du siècle dernier, Carpentras ou Quimper-Corentin.

Il n'est pas aujourd'hui un seul peuple civilisé qui ne soit en relations commerciales avec les trois quarts des autres peuples du monde, ce qui suppose, pour la facilité et la sécurité des affaires, que chaque négociant devrait posséder, au bas mot, soixante ou quatre-vingts langues diverses.

Inutile de dire que semblable phénomène n'existe probablement nulle part.

Il y a là une nécessité si impérieuse que, de tout temps et partout, il a spontanément surgi des moyens indirects d'y pourvoir.

Comme toujours, le besoin créait l'organe.

Ce furent le grec dans l'antiquité, et le latin au moyen âge, qui unirent ainsi l'humanité pensante et lettrée. De même aujourd'hui, les divers idiomes de l'Europe se partagent, pour ainsi dire, le travail et les attributions.

L'anglais est surtout la langue du commerce.

Le français est la langue diplomatique. Il est également encore la langue de la science, de la philosophie, de l'art, celle que s'honorent, sous tous les climats, d'écrire et de parler les gens cultivés, en dépit de la rivalité de l'allemand qui, depuis une quinzaine d'années, s'efforce de lui disputer ce monopole.

Ce qui domine ailleurs, c'est une sorte de patois, assemblage de mots de toute provenance, débris d'innombrables langues, arbitrairement amalgamés, et que tout le monde comprend... à peu près.

Dans les ports de la Chine, on parle le *pidgeon ;* dans le Levant, la *langue franque ;* dans l'Asie centrale, le *djagnitaï ;* en Algérie, le *sabir*.

Autant de palliatifs insuffisants.

Personne ne songe à proposer l'adoption d'une langue disparue, comme le grec ou le latin, à titre de langue universelle. On ne ressuscite pas les morts, on ne remonte pas le cours de l'histoire. Il suffit, d'ailleurs, d'avoir entendu la singulière musique que, pour nos oreilles françaises, fait une phrase latine dans la bouche d'un Anglais, d'un Allemand ou même d'un Italien, pour comprendre que semblable choix aboutirait simplement à reculer la difficulté sans la résoudre.

Ajoutons, enfin, que l'idiome universel réclamé est surtout destiné à exprimer des besoins et des choses modernes, sans vocables correspondants dans les langues de l'antiquité. Allez donc rédiger une lettre de change dans la langue d'Homère ou une commande pour une usine d'électricité dans la langue de Virgile !

Il ne saurait être question davantage de s'en tenir à l'une quelconque des langes européennes vivantes.

En théorie, c'est ce qui paraît le plus simple. Mais, en pratique, c'est tout une autre affaire. Il faut tenir compte des jalousies nationales, qui n'ont même pas pu se mettre d'accord sur une question beaucoup moins palpitante, beaucoup moins immédiate, sur le choix d'un méridien universel.

Puis, toutes les langues vivantes sont hérissées de difficultés. Les exceptions y pullulent ; à moins d'être « doué », on n'arrive à en posséder une à fond qu'au prix de longs et de patients efforts. »

Ainsi s'exprimait Thomas Grimm, il y a quatre ans, en présentant le Volapük aux lecteurs du *Petit Journal*.

Un jeune médecin russe, le docteur Esperanto, de Varsovie, vient de résoudre d'une façon magistrale, après douze ans d'étude constante, ce problème d'une langue scientifique internationale auquel le monde savant travaille depuis si longtemps. Il a formé une langue d'une logique et d'une simplicité vraiment remarquables, qui peut être apprise en deux jours au plus, et qu'il a appelée LINGVO INTERNACIA.

On lira plus loin l'intéressant travail de M. Einstein, faisant toucher du doigt toutes les imperfections du Volapük et la supériorité incontestable du nouveau système. Un étudiant de l'université d'Upsala, écrivait dernièrement à M. Einstein une lettre se terminant ainsi :

« *Oni miru je lingvo, en kiu oni post du tagoj da lernado povas skribi leteron, kiel mi esperas kompreneble, koankam nature ne senerare.* »

Ce qui veut dire : « On doit s'étonner d'une langue pour laquelle on peut, après deux jours d'étude, écrire une lettre, je ne dirai pas sans faute, mais tout au moins d'une façon compréhensible. »

Depuis l'apparition de son livre sur la *Lingvo internacia*, au mois de septembre dernier, M. Einstein a reçu quantité de lettres semblables de tous les pays : de Russie, de Pologne, de Lithuanie, de Suède, de Norwège, de Danemark, d'Angleterre, de Hollande, d'Autriche, d'Italie, d'Amérique, et toutes témoignent de l'enthousiasme que leurs auteurs ont éprouvé à l'étude de la langue du docteur Esperanto, admirant sa belle sonorité (ressemblant en cela à la langue italienne) et sa facilité extraordinaire d'assimilation.

M. Einstein, bien connu par ses intéressants travaux sur l'histoire de la civilisation, entre autres par sa « *Solution du problème religieux* », a été un des propagateurs les plus anciens et les plus actifs du Volapük de Schleyer, sur lequel il a écrit, disséminés dans plusieurs journaux et revues, plus de deux cents articles et études. C'est lui qui, le premier, a exposé d'une façon simple et pratique la question d'une langue universelle, d'après tous les essais tentés jusqu'à ce jour. Mais, le Volapük qu'il a professé pendant quatre ans, en le présentant comme le paladium de l'union des peuples, à une époque où l'on faisait preuve, dans son pays, du chauvinisme le plus ridicule (il a eu quelque courage à le faire), le Volapük ne lui a plus suffi dès qu'il a eu remarqué qu'il n'avait été que l'avant-coureur nécessaire de la *lingvo internacia*. Pour lui, Schleyer n'avait fait qu'ébaucher l'œuvre, et c'est le docteur Esperanto qui l'a achevée. Je crois, en effet, qu'Esperanto est bien le Messie qui doit délivrer les peuples des difficultés de langage et amener ainsi leur union spirituelle. Il faudra bien, tôt ou tard, que les volapükistes eux-mêmes le reconnaissent, et j'attends avec une certaine impatience le résultat de ce fameux Congrès qu'ils doivent tenir pendant l'Exposition : ce sera, sans doute, la répétition de la confusion qui s'est produite dans l'antiquité, sur l'Euphrate, à la construction de la tour de Babel ! Du reste, le trouble que M. Einstein a apporté dans le camp volapükiste, est déjà si grand, que bon nombre de ses adeptes ont déserté pour passer à la *Lingvo internacia* ! J'espère bien amener le même résultat en France lorsque la langue d'Esperanto sera connue, et, confiant dans le bon sens de mes compatriotes, je n'ai aucun doute sur le choix qu'ils feront alors : entre le système très imparfait de l'abbé allemand et celui remarquablement supérieur du médecin russe.

La *American Philosophical Society* a été la première société savante qui ait combattu l'épidémie volapükiste, et un de ses membres les plus autorisés, M. Henri Philipps, a déclaré que la *Lingvo* d'Esperanto était *le meilleur système de langue universelle qui ait été créé jusqu'à présent, le plus simple et le plus rationnel*. « Il est établi, dit-il, d'après les meilleurs principes ; ses mots n'ont pas été formés selon le bon plaisir de l'auteur (comme en Volapük) mais empruntés soit au français, à l'anglais, à l'allemand et aussi au latin. Le docteur Esperanto s'est sagement abstenu d'altérer les mots qui se ressemblent dans toutes les langues.

La *Lingvo internacia* est, sous tous les rapports, d'une facilité remarquable et ne soutient pas la comparaison avec le Volapük. »

Et M. H. Philipps termine en disant :

« Le docteur Esperanto est des plus modestes et bien que son œuvre soit remarquable il la soumet à l'opinion publique avant de lui donner une forme définitive. Il demande à ce que chacun fasse la promesse d'apprendre son système lorsqu'il sera prouvé que dix millions d'individus s'y seront ralliés. Je ne puis qu'encourager tout le monde à faire cette promesse bien anodine, la chose en vaut la peine. » (1)

La *Lingvo* compte déjà un grand nombre d'adhérents et, parmi ceux-ci, je relève les noms : de M. Nilson, ingénieur à Gefle (Suède), qui, dans son journal le MEKANISKE ARBETAREN, a donné, en partie, la traduction du travail de M. Einstein ; M. le docteur Daniele Marignoni à Crema, qui a fait également cette traduction dans le *Journal volapükiste de Milan,* et, parmi les volapükistes militants, que les excellents travaux de M. Einstein ont convertis : M. H. van de Stade, chef d'institution à Arnhem (Hollande), M. John Runstrïm à Stockolm qui, déjà au 1er octobre 1888, écrivait : « *La Lingvo internacia shajnas al mi esti la plej bela lingvo kiu mi iam studis, kaj tial mi deziras efective ke tuta mondo prenos ghin* ». (La lingvo internacia me semble être la plus belle langue que j'aie jamais étudiée, et c'est pourquoi, je désire ardemment que tout le monde l'apprenne). Je citerai encore : M. E. Wahl, à Saint-Pétersbourg ; M. V. Stein, professeur de Volapük à Copenhague, qui sans grammaire et sans dictionnaire,

---

(1) Que tous ceux qui s'intéressent à l'œuvre du docteur Esperanto veulent bien me faire parvenir leur adresse. Ecrire : A. Demonget, 8, boulevard de Clichy, Paris. — Voir les bulletins d'adhésion à la fin de l'ouvrage.

pouvait déchiffrer une lettre écrite dans la langue d'Esperanto, sans même l'avoir apprise ; M. G. Henricklund, qui vient de faire paraître, en langue suédoise, la grammaire de la *Lingvo ;* M. R. Geoghegen, professeur au collège d'Oxford; M. Georges Henderson, à Londres, l'inventeur de la *Lingua,* langue universelle formée d'après le latin ; M. le D$^r$ Bauer, à Agram, le fameux inventeur du *Spelin,* qui, après un échange de vives polémiques avec M. Einstein, a fait enfin amende honorable en lui écrivant : « Votre brochure est bien écrite ; j'en ai eu du plaisir. Que la paix soit faite ! Le même droit pour tous ! Le meilleur doit vaincre. »

Je dois une mention toute spéciale à M. A. Grabowski, chimiste, directeur technique de la fabrique Derbenev-Dmitrovka, à Moscou, auteur de deux ouvrages en lingvo internacia : *La néga blovado,* (la tourmente de neige) rakonto de Puskin, et *La Gefratoj* (frères et sœurs), comédie en un acte, de Gœthe. M. Grabowski manie la lingvo avec une habileté remarquable. Une chose est vraiment surprenante, c'est qu'avec si peu de mots, avec l'aide seulement d'environ quarante syllabes radicales, on peut rendre n'importe quel sujet de la façon la plus correcte et la plus claire. C'est un véritable tour de force et celui qui, après avoir étudié la Lingvo d'Esperanto, donne encore la préférence au Volapük, celui-là est, sans contredit, un imposteur. Nous avons, je pense, déjà assez de ces imposteurs en politique et en religion sans avoir besoin encore d'imposteurs en Volapük !

Que ceux donc qui s'intéressent à l'important problème d'une langue universelle, veuillent bien nous lire (la grammaire et le dictionnaire de la *Lingvo* vont paraître incessamment) et nous donner en toute franchise leur opinion. Le docteur Esperanto, ce jeune ami de notre pays, ne se croit pas, comme Schleyer, infaillible; il accepte avec reconnaissance tous les conseils judicieux et sait tenir compte des observations sérieuses qui lui sont présentées, car il ne considère pas son œuvre comme parfaite, les choses parfaites n'étant pas de ce monde.

Pour en revenir au Volapük, je crois que le bonhomme est bien malade; le journal de M. Kerckhoffs, à Paris, vous dira bien, comme ses confrères à l'étranger, que l'œuvre de Schleyer est en pleine prospérité et que ses adeptes — par millions! — augmentent sans cesse. La vérité, c'est que les affaires vont au plus mal dans le clan volapükiste, ce qui faisait dire au savant viennois M. le docteur F.-S. Krauss: « Ici, il y a bien encore quelques professeurs de Volapük, mais d'élèves point. » Absolument comme chez nous, quoi!

Les motifs pour lesquels le Volapük périclite de si misérable façon, sont exposés clairement dans la brochure d'Einstein, et, en ma qualité d'ancien volapükiste, j'ai crû de mon devoir d'en faire une traduction littérale pour ouvrir enfin les yeux à mes compatriotes. Et j'espère, qu'avec l'esprit droit et éclairé qu'ils possèdent, le moment n'est pas éloigné, où l'on criera un peu partout chez nous: « Vive la Lingvo d'Esperanto! A bas le Volapük de Schleyer! »

Auguste DEMONGET.

Paris, Mai 1889.

# VOLAPÜK & LINGVO INTERNACIA

DEVISE :

*Le mieux est l'ennemi du bien,*
*Le meilleur l'ennemi du mieux.*

Il y a des moments où l'on pourrait douter de tout progrès, simple question d'apparence, car celui qui scrute la nature elle-même ne s'y laisse pas tromper et poursuit tranquillement sa route au milieu du tourbillon. Le progrès est inhérent à la nature et n'est en quelque sorte autre chose que le résultat de l'évolution indiquée depuis Darwiń, et cela s'explique d'autant plus aisément si l'on n'envisage pas quelques époques remarquables de l'histoire universelle seulement, mais si l'on prend au contraire tout un ensemble de siècles.

Je crois pouvoir interpréter de la meilleure façon cette grande vérité par les expressions suivantes, intimement liées au sujet que je traite ici : *écrire, imprimer, sténographier, aller en chemin de fer, téléphoner* et « *internationaliser* ».

A mon avis, ces sept inventions devraient être considérées comme les sept merveilles du monde.

L'invention de l'écriture, représentation visible de nos pensées, servant à les transmettre à la prostérité (du latin *scribere*, du grec *graphein*, c'est-à-dire graver dans les corps durs comme le bois, la pierre, etc., moyens primitifs de l'écriture, comme aussi de l'hébreu *kathav*, de la racine *kath*, séparer, couper), nous ramène dans la nuit des siècles et au temps des légendes.

Et, dans cet ordre d'idées, aucun progrès remarquable n'a été réalisé jusqu'à l'époque de notre moyen âge où l'art d'imprimer est alors venu répandre la culture intellectuelle, grâce auquel nous avons atteint ce haut degré de civilisation que nous possédons aujourd'hui. Depuis cette époque le progrès a marché à grands pas, les découvertes ont succédé aux découvertes, et, comme l'exprime notre savant historien, Jules Lippert : « On aurait dit que la nature voulait tout à coup se dévoiler entière et, à mesure qu'on apprenait à la mieux connaître, les inventions se succédaient. » Et ce n'est pas du tout par hasard que l'époque des plus grands progrès scientifiques a été aussi celle du triomphe imprévu de la « technologie humaine », car l'art et la science ont leur mère commune dans les connaissances naturelles.

Vous voyez donc quel espace de temps immense, des milliers d'années, s'est écoulé depuis les débuts de l'art d'écrire et la reproduction rapide et illimitée des œuvres manuscrites, au moyen des caractères mobiles, et la série de progrès de toute nature qui en a été la conséquence. Car, tandis qu'autrefois l'on était obligé d'avoir toujours recours à la copie manuscrite, procédé peu commode, prenant du temps, dispendieux et ne permettant qu'à un nombre très limité d'individus de pouvoir acquérir les trésors de la science, ceux-ci peuvent dès lors, grâce à cet « art noir » si diffamé, pénétrer la masse du peuple, inculquant à notre race cette nouvelle manière d'envisager les choses à un point de vue naturel et abandonnant les anciennes idées fantaisistes et surnaturelles. Qui aurait cru, il y a seulement quelque dix ans, à la possibilité de transmettre nos pensées, avec la rapidité de l'éclair, aux points les plus éloignés ? Nous désignons cela maintenant par le mot *télégraphier* (écrire au loin) et *téléphoner* (parler au loin). Ce dernier art a, il est vrai aujourd'hui encore, un domaine plus limité que la télégraphie, mais néanmoins, il a pris, depuis l'emploi des fils de bronze, un développement que l'on n'aurait jamais soupçonné.

Quels énormes changements ces deux inventions n'ont-elles pas apportés dans le domaine artistique ! On peut dire qu'elles ont révolutionné le monde par le triomphe de l'espace et du temps.

Oui, notre génération blasée, parce qu'elle ne veut plus se reporter à cette époque primitive où les chemins de fer étaient encore inconnus, ne possède plus le sentiment exact de la grandeur et de la valeur du présent comparativement au quasi-néant des siècles précédents. Elle ne connaît pas les nombreuses imperfections du passé, pas plus que nos pères ne pouvaient nous envier nos conquêtes dont ils n'avaient encore aucune idée. C'est ce qui me faisait écrire un jour dans le *Monde Illustré :* « Si nos aïeux pouvaient sortir de leurs tombes, ils croiraient se trouver dans un monde tout autre que celui qu'ils ont connu »; j'ajouterai aujourd'hui qu'il en serait de même de nous si nous reparaissions sur notre planète dans quelque cent ans d'ici.

La plus grande partie de nos contemporains n'ont encore aucune idée du Beau et du Sublime qu'ils ont devant eux. Ainsi, présentement, il y a un nouveau mot qu'aucune oreille humaine n'a encore entendu jusqu'à présent et le plus petit nombre seul peut s'en faire une idée exacte, bien que le mot *volapüker* ait cours déjà depuis une huitaine d'années. A cela rien de bien surprenant, car tout ce qui est nouveau, destiné à nous faire sortir de notre vieille routine a toujours eu ses contradicteurs et doit surmonter d'énormes difficultés avant de pouvoir arriver à se faire jour ; telle, il y a un demi-siècle, la sténographie qui a dû longtemps combattre les préjugés des savants, aussi bien que des ignorants. Aujourd'hui, grâce à la sténographie, les mots s'écrivent aussi vite, par abréviation, qu'ils ne se parlent et de cette manière aucun discours important ne peut plus être perdu pour la postérité ; c'est un art qui a déjà pénétré toutes les couches de la société.

Ce mot, auquel je faisais allusion plus haut, qui a eu comme prédécesseur le mot *volapüker* — ce qui dans la langue artificielle de Schleyer, veut dire *correspondre en volapük* — ce nouveau mot s'appelle, je l'emploie pour la première fois, *internationaliser*, et ce produit le plus beau, le plus facile, le plus conséquent, le plus simple de combinaisons internationales, c'est la « **lingvo internacia** » (la langue internationale). J'arrive ainsi au véritable sujet de cette étude.

Charles Wartimberg a dit il n'y a pas longtemps : « Si l'on étudie l'histoire de la civilisation, on trouve que toutes les idées d'affranchissement, de progrès, de même que toutes les évolutions n'ont pu se généraliser qu'après une lutte passionnée et une opposition violente avec la science officielle ».

C'est ainsi qu'il en a été du volapük.

Voilà huit ans, lorsque les journaux nous apprirent tout à coup qu'un ecclésiastique de Litzelstetten, sur le lac de Constance, avait inventé une langue artificielle, du nom de *Volapük* tous, savants comme ignorants, se montrèrent incrédules : car, d'abord il ne peut pas y avoir de langue universelle, et ensuite, une langue ne peut pas être *inventée*.

Schleyer est bien le premier coupable dans ces malentendus, car il n'aurait pas dû donner à sa langue le nom de *Volapük* (langue universelle), avec cette devise à double sens : *menadé bal püki bal* (à une humanité une langue). Ce nom et cette devise avaient amené un grand nombre d'adhérents ; Schleyer voulait que son Volapük prît la place des langues existantes ; idée absurde s'il en fut. Cependant cette utopie eût quelque crédit tout d'abord, malgré tous les efforts que firent pour la combattre les adversaires de la langue universelle. Ce titre « inventeur de la langue universelle » que Schleyer s'appliquait, était tout aussi mal approprié.

C'est ce qui faisait dire au docteur Rudolf Kleinpaul (1) dans son récent ouvrage *La langue sans paroles* : « Schleyer n'a rien inventé. Qu'a-t-il pu ? Estropier l'anglais et lui emprunter sa grammaire ».

Les expressions dont se sert Kleinpaul vis à vis du Volapük dépassent, il faut le reconnaître, la mesure du juste et ne font que prouver combien peu il conçoit l'idée d'une langue universelle et combien il lui est hostile, ressemblant en cela, du reste, à beaucoup de ses confrères. Qu'on me permette de mentionner encore le travail le plus récent de l'adversaire déclaré des langues universelles, le docteur Hamel : *La tendance réactionnaire du mouvement des langues universelles*, dont je me propose de parler dans ma prochaine brochure, car cet ouvrage a trouvé un écho fanatique dans le journal « *Tagl. Rundschau* ».

Celui qui a étudié *l'Aldono*, c'est-à-dire le *supplément* de l'étude du docteur Esperanto, l'auteur de la *Lingvo*

---

(1) L'auteur connu « de Rome et Florence à la plume et au crayon » qui, comme beaucoup d'autres savants, ne voient pas de forêt sans les arbres, est un adversaire de l'idée d'une langue universelle.

*internacia*, que j'ai fait imprimer dans ma grammaire (1), y apprendra à connaître un homme de la plus grande modestie, à la parole claire et sans équivoque. Tout ce qu'il dit de sa langue et de son avenir est exposé d'une façon si savante que l'on serait porté à croire que son auteur est un homme déjà d'âge mûr : le D$^r$ Esperanto a trente ans à peine.

Il ne se nomme pas l'inventeur, mais *l'initiateur* de la *Lingvo internacia*, c'est-à-dire langue intermédiaire venant s'ajouter aux langues nationales existantes, et il abandonne volontiers à un Congrès le droit de juger de la valeur de son système.

Il ne faudrait pas, cependant, méconnaître le mérite de Schleyer qui est incontestable ; c'est lui — et l'histoire universelle en fera mention — qui a travaillé de la façon la plus sérieuse et la plus constante, l'idée de former une langue artificielle neutre sur le modèle des langues naturelles, façonnant ainsi, non plus comme Leibnitz l'avait recherché, un langage de signes, mais une langue de mots, formée de sons et pouvant servir par conséquent de moyen d'entente aux gens instruits de toutes les nations.

Schleyer qui s'occupait avec amour, depuis sa jeunesse, de l'étude des langues, s'aperçut vite que les plus grandes difficultés des langues nationales étaient dans leurs irrégularités, soit dans l'orthographe, le phonétisme, la grammaire, la formation des mots ou bien encore dans la façon d'exprimer les pensées, et c'est à lui que revient le mérite d'avoir ramené toutes les déclinaisons et conjugaisons rendues généralement si difficiles, par leurs nombreuses anomalies, à une seule déclinaison et à une seule conjugaison régulières. Schleyer est donc le fondateur, le père pour ainsi dire, des langues scientifiques actuelles. Il n'est donc pas étonnant que le Volapük de Schleyer ait fait sensation, car avec les voyelles *a, e, i, o, u*, dans leur ordre alphabétique, on se trouvait à même d'entreprendre

---

(2) *La Lingvo internacia* comme meilleure solution du problème d'une langue universelle internationale. Avant-propos, grammaire et style avec une liste de radicaux d'après le projet du docteur Esperanto, arrangé pour la première fois et remanié par Léopold Einstein. Nuremberg 1888. J.-A. Stein (librairie artistique) éditeurs. Prix : 1 mark.

la déclinaison et la conjugaison des temps ; c'était avec beaucoup d'autres innovations heureuses, au point de vue de l'orthographe et de la formation des mots (je rappellerai seulement les nombreux mots qui peuvent se former avec les préfixes *le* ou *lu,* bien qu'il y ait là beaucoup à redire), quelque chose de tout à fait nouveau, que l'on comparait volontiers à l'œuf de Colomb. Le fait est que l'on pouvait apprendre la grammaire Volapük en peu d'heures et, avec l'aide du dictionnaire de Schleyer, correspondre dans un style simple avec les représentants de toutes les nations. Comme chez nous, à Nuremberg, il y a quatre ans, le Volapük a pénétré dans tous les pays, et partout, y a fait sensation, mais, lorsqu'ensuite on est venu le comparer aux nouveaux systèmes concurrents parus depuis 1885 (comme par exemple, la Pasilingua de Steiner, la méthode du curé Eichhorn, à Bamberg, le Spelin de Bauer, les essais de Lauda à son Cosmos, la Lingua d'Henderson à Londres entièrement formée du latin, etc.), on a reconnu que ceux-ci, pris à part, étaient un progrès évident sur le Volapük parce que, exception faite du système Spelin, ils avaient un plus grand fond historique en se tenant complètement aux formes des langues ariennes, tant dans leur étymologie grammaticale que lexique. Schleyer, au contraire, avait donné libre cours à sa fantaisie et à l'arbitraire. Tout ceci, cependant, ne m'aurait pas fait déserter — comme on me le reproche aujourd'hui — la cause du Volapük que j'ai participé comme on sait à propager, un des premiers, en Allemagne, si je n'avais pas reconnu dans la *Lingvo internacia,* après une étude approfondie, les véritables qualités d'une langue internationale. C'est seulement maintenant que je vois plus clairement que nous sommes entrés dans une nouvelle phase d'étude, toute spéciale et toute moderne, du domaine de l'art de parler et de penser, que cultivent aujourd'hui beaucoup de savants, mais dont les adversaires d'un système de langue internationale n'ont encore aucune idée. Max Müller avait déjà consacré à ce sujet une place spéciale dans son ouvrage connu « *Cours sur la science du langage* » et d'après ce modèle j'ai, après quelque dix ans, attiré pour la première fois, de nouveau, l'attention sur « les essais passés d'une langue universelle » dont j'ai parlé, il y a quatre ans, à l'Association des instituteurs de Nuremberg.

L'ouvrage le plus récent sur ce sujet est « l'*esquisse d'une histoire de langue universelle* », d'après le développement de l'esprit humain, de Hans Moser.

Cet ouvrage comprend un programme de langue universelle que Jacob Von Grimm a exposé déjà le 10 janvier 1860, à Péra.

D'après lui, une langue universelle doit avoir les qualités suivantes :

1º Elle doit être d'une logique serrée.

2º Extrêmement riche.

3º Résonnant bien à l'oreille, se prêtant facilement à la poésie et au chant comme la langue italienne que l'on considère en général comme la plus agréable à entendre.

4º Extraordinairement facile à apprendre, à parler et à écrire.

De plus, et surtout, il faut que non seulement les dérivations, les inflections et les combinaisons suivent des lois déterminées, mais que même pour la formation des racines, l'arbitraire en soit exclu le plus possible.

Jacob Grimm dit à ce propos que chaque lettre doit avoir un certain caractère, et il ne connaît parmi les articulations harmonieuses que deux lettres qui lui paraissent avoir ce caractère spécial, c'est l'*R* pour exprimer l'idée de rotondité et l'*L* pour exprimer l'idée de ce qui coule. Aussi propose-t-il la langue latine comme étant la plus propre à servir de guide pour la formation des racines primitives. Mais, pour qu'une langue soit facile à parler, elle doit exclure tous les sons que l'un ou l'autre peuple prononceraient difficilement, comme par exemple, les sons nasards *ch*, *mn*, *sm*, etc., Par contre, il donne une préférence marquée au son *sch*, bien que les Grecs ne puissent le prononcer ; cette préférence est motivée parce que ce son, étant très caractéristique, apporte une grande variation dans la mélodie de la langue, et est même indispensable pour beaucoup de mots mélodieux. Il est, en somme, aussi d'une prononciation facile, et on ne peut pas dire qu'il ne soit pas accessible aux Grecs.

5º Pour pouvoir l'écrire facilement, il suffit que chaque lettre ait sa prononciation invariable, et que chaque mot soit exactement écrit comme il est prononcé. Hans Moser résume ces principes en disant :

1º Communauté du radical.

2º Invariabilité de celui-ci.

3º Prononciation des syllabes radicales concordant avec la manière d'écrire les mots.

En ce qui concerne la communauté du radical, on peut dire que Schleyer a, en général, touché juste en empruntant le matériel de mots, nécessaires à son Volapük, d'abord à l'anglais, puis au français et enfin à l'allemand, bien que les savants ne soient pas encore d'accord sur ce point.

Si je vous montrais ma volumineuse correspondance, vous verriez que l'un de nos plus grands anthropologes émet l'idée de mettre directement le *sanscrit* à contribution pour la formation des mots nécessaires à une langue universelle. Un autre, un de nos géographes les plus distingués, voudrait que l'on prît tout simplement l'anglais — opinion qui est généralement répandue en Allemagne — mais, comme je l'expliquerai bientôt dans la deuxième brochure que je vais faire paraître, cette idée doit être abandonnée. Un troisième, agrégé d'une des Universités les plus importantes de Hollande, tient absolument à prendre comme base le grec. Chacun, comme on le voit, a sa petite marotte.

J'avais une fois moi-même commencé à transformer à cet usage la langue hébraïque, et, sans avoir eu besoin d'estropier les radicaux comme Schleyer et Bauer, elle aurait été 20 % plus courte que le Spelin de Bauer et 40 % davantage que le volapük de Schleyer ; mais, j'ai dû finalement convenir moi-même que les mots hébreux n'étaient pas précisément connus de tous ; de plus, les nombreux sons gutturaux, que je cherchais à remplacer par $g$ et $k$, m'occasionnèrent beaucoup de difficultés, de sorte que j'abandonnais bientôt cet essai infructueux. En fait de $k$ cependant, il n'y en aurait guère eu davantage que dans le volapük de Schleyer. Le défaut principal de cette langue c'est que Schleyer n'a pas observé le deuxième principe que Moser a appelé *l'invariabilité du radical*. Ainsi Schleyer a estropié, souvent jusqu'à les rendre méconnaissables, les mots généraux que l'on désigne comme *mots étrangers* et qui sont familiers à tous les peuples civilisés, mots dérivés des langues universelles anciennes : le latin et le grec. Il a également formé un très grand nombre de mots dont on ne peut ni reconnaître l'origine, ni la façon dont il les a composés. J'ai donné à la fin de mon livre *la lingvo internacia*, un exemple frappant de cette manière de fabriquer les mots. (1)

J'ai également constaté que la plupart des mots du Volapük sont une traduction littérale de l'allemand et l'on peut les désigner comme des *germanismes,* ce qui est aussi, du reste, le cas pour la plupart de ses syllabes radicales. Si l'on présente, par exemple, à un Français le mot *nulælik*, il n'en comprendra pas la signification, à moins de la chercher dans son dictionnaire. Sans lui, il ne saura pas non plus que *nul* signifie *nouveauté* et que *nulik* signifie *nouveau.* Si on lui dit aussi que la syllabe *æl* représente l'idée *spirituelle, abstraite,* il ne pourra s'imaginer, que par *nulælik* Schleyer veut dire *curieux*, l'idée abstraite étant beaucoup trop générale pour que l'on puisse spécifier les nombreuses particularités qu'elle peut y comprendre, et, en outre, parce que le mot curieux n'a pas en français comme en allemand ce caractère de nouveauté. (2)

Avec la langue du docteur Esperanto, dont les syllabes radicales ont un caractère plus international, plus approprié à toutes les langues, je rendrai le mot curieux par *sciema*, c'est-à-dire disposé à apprendre, à connaître une chose, une action, une personne, etc.,

Je me suis du reste rendu compte, par des essais sérieux et répétés, qu'avec le petit Glossaire du Dr Esperanto (à 15 centimes) qui comprend 875 mots, tenant sur une seule feuille, avec ses 50 syllabes radicales et ses formules grammaticales, j'arrivais à un meilleur résultat qu'avec le

---

(1) Page 76. — L'origine du mot *jim* ciseaux. Kniele ne trouve pas ma déduction exacte, car ce ne serait pas de *scissors*, mais de l'anglais *shear* que son seigneur et maître aurait formé son *jim*. Nous n'aurions alors en volapük que de très longs ciseaux. Kniele devrait savoir cependant que, lorsque Schleyer était embarrassé, il avait toujours recours, non seulement à la voyelle suivante, mais aussi à la consonne.

(2) Pour bien comprendre ceci, il faut savoir qu'en allemand nouveau se dit *neu*, et curieux *neugierig* (avide de nouveau)

A. D.

dictionnaire de Schleyer (à 6 fr. 25) avec ses 20,000 mots et ses 200 préfixes et suffixes, auquel vient encore s'ajouter une grammaire de 2 fr. 50 particularité qui, soit dit en passant, a nui énormément à l'extension du Volapük.

Ce dictionnaire m'a déjà fourni l'occasion, il y a quelque temps, d'écrire à une des personnalités des plus marquantes, parmi les volapükistes à l'étranger, que le Volapük n'est et ne serait jamais ce qu'il doit être si l'on ne faisait un dictionnaire de *radicaux* mettant quiconque à même de former soi-même tous les mots de la même famille, de même de pouvoir décliner, d'après un substantif, tous les autres substantifs, ou de conjuguer, d'après un verbe, tous les autres verbes. Je reçus comme réponse que si le monde savant entreprenait jamais le dictionnaire de Schleyer, ce serait la perte du Volapük. C'est justement ce qui arrive en Allemagne, et la littérature des volapükistes allemands en a fourni suffisament la preuve. Quant à l'Académie de Volapük, fondée par le Congrès de Munich, elle regarde faire et n'a, depuis près de deux ans, apporté aucune espèce de réforme. Dans ces conditions, doit-on trouver mauvais, si par amour de la chose, je me suis occupé d'autres systèmes de langues universelles ? C'est le parti qu'a pris également Jules Lott qui a propagé autrefois le Volapük à Vienne — comme je l'ai fait à Nuremberg deux ans auparavant — dans son excellente brochure : « *Le Volapük est-il la meilleure et la plus simple solution du problème d'une langue universelle ?* » question à laquelle il répond négativement. Il dit entre autres : « J'avoue franchement n'avoir la moindre confiance en cette Académie, puisque Schleyer, en sa qualité de grand-maître *(cifal)*, ne veut admettre aucune amélioration, et la plus grande partie des membres de cette Académie sont complètement d'accord, sur ce point, avec lui. Pas de réformes ! Pour motiver mon jugement sévère, je ferai remarquer qu'elle a été son inactivité pendant un an ; pour moi, toute amélioration réelle de la langue de Schleyer, de la part des volapükistes, est tout à fait impossible, parce que l'inventeur, en la concevant, a fait fausse route, et a mis, en un mot, la charrue avant les bœufs ».

Je pense que cette façon de s'exprimer, de la part d'un des volapükistes les plus marquants, est assez significative !

Il a, du reste, touché au bon endroit, car nous savons maintenant — et le docteur Esperanto nous l'a démontré — que Schleyer aurait dû d'abord faire ses mots et y adapter ensuite sa grammaire : tel le petit enfant qui commence à ne dire que des mots isolés pour les assembler ensuite, peu à peu, en combinaisons grammaticales. Là était donc le point autour duquel devait pivoter le problème d'une langue universelle, et c'est là que le docteur Esperanto a placé sa *Lingvo internacia ;* voilà pourquoi il est arrivé à un résultat tout autre, tout opposé à celui de Schleyer.

Les mots ont rendu Schleyer esclave de ses formules grammaticales: de là l'obligation d'établir des règles étranges, comme celle-ci, par exemple, où chaque mot doit commencer et finir par une consonne ; et, pour s'être fermé ainsi à lui-même le trésor naturel, dans lequel il aurait pu puiser les radicaux nécessaires, il a dû avoir recours aux nombreuses inflexions de voyelles æ, œ, ü, dont la prononciation est si difficile pour la plupart des peuples de l'Europe et que l'Académie de Volapük, après de longs débats, n'a pas réussi à faire disparaître. Nous aurions sans cela à présent un Volap*u*k à la place d'un Volap*ü*k. C'est *l'English Philological Society* de Londres qui a prononcé cette sentence : « *Volapük must be taken as it is or left* », c'est-à-dire « le Volapük doit être adopté tel qu'il est ou abandonné. » C'est ce que, du reste, j'avais fait remarquer à un des écrivains volapükistes les plus autorisés qui m'écrivit: « Le Volapük, tel qu'il est maintenant, a, il est vrai, beaucoup de défauts ; ainsi, après huit années d'existence il ne peut encore être employé pour la conversation, et, du reste, les deux tiers de ses mots doivent être refaits ».

Je répondis « S'il en est ainsi, il est préférable que nous rejetions encore le troisième tiers et que nous abordions un autre système qui ne présentera pas tous ces défauts. »

Ce système, c'est justement celui du docteur Esperanto à la publication duquel je travaillais à cette époque en faisant ma grammaire de la *Lingvo internacia* qui, parue depuis trois mois seulement, a déjà amené un grand nombre d'adhérents, tant en Europe qu'en Amérique.

Si, cependant, on avait voulu m'écouter dans le clan volapükiste on ne se serait pas laissé berner dans certains milieux par les seuls avantages matériels que le Volapük offre encore aujourd'hui à tous ses adeptes. Et je puis dire que les suites qu'aurait pu avoir l'abandon immédiat du Volapük n'auraient pas été de nature à compromettre l'Œuvre. Au contraire, par l'acceptation générale du nouveau système tout à fait irréprochable, une nouvelle impulsion durable aurait été donnée qui aurait pu faire enfin triompher l'Idée, résultat qu'il ne faut certes pas attendre du Volapük.

Mais la plupart des journaux volapükistes se font, ou grandement illusion ou bien, par une réserve préméditée ou même l'altération de la vérité, cherchent à tenir encore à flot le navire prêt à sombrer tant qu'ils auront encore des fidèles à qui s'adresser.

Plusieurs de ces journaux me firent néanmoins comprendre que, venue dix ans plus tôt, la langue du D$^r$ Esperanto aurait obtenu la palme, mais qu'à présent le Volapük était trop bien ancré pour être démoli, et disait même l'un d'entre eux, la *lingvo internacia* serait-elle mille fois supérieure au Volapük, qui compte *trois millions* d'adhérents, elle ne réussira pas ! L'année dernière on prétendait que les volapükistes étaient au nombre de cent cinquante mille ; on aurait dû déjà à cette époque retrancher quelques zéros pour être un peu plus près de la vérité. Il y a cinq mois, un journal volapükiste allemand imprimait, d'après une feuille anglaise, que le nombre des Volapükistes s'était élevé à un million et demi et à présent on vient me parler de *trois millions !* Pour peu que cela continue l'univers entier sera volapükisé ! Il est mieux que nous ne nous y arrêtions pas davantage et que nous poursuivions notre examen de la langue internationale pour nous faire une idée bien nette de la façon dont le D$^r$ Esperanto a créé ses mots comparativement à Schleyer.

Le D$^r$ Esperanto s'est imposé comme premier devoir — devoir sacré, pourrions-nous dire — de ne pas toucher aux radicaux, ce que nous devons dire aussi, du reste, à leur louange, de la *Pasilingua* et, en général, de tous les essais récents de langue internationale, à l'exception, cependant, du *Spelin* de Bauer qui ne crut pas devoir observer ce précepte fondamental des langues qui est la *concision*, ne recherchant que cette condition superficielle : *l'intelligibilité immédiatement apparente*. Que faire, en effet, de mots dont on ne peut deviner le sens, qu'après s'être livré à des combinaisons souvent fort singulières, cas qui se présente avec Bauer plus fréquemment encore qu'avec Schleyer ? Bauer appelle ceci : *corrélation* ; si j'avais connu plus tôt ses combinaisons les plus récentes, telles qu'il les a publiées dans une brochure qui est contre moi, aussi bien que contre la *lingvo internacia*, je ne l'aurais, certes, pas tant ménagé dans mon avant-propos où j'ai parlé de son Spelin, car, déjà maintenant il ne reste plus rien de sa « corrélation ! » Quelle différence avec le Dr Esperanto ! Les radicaux, il les emprunte pour la majeure partie au latin ou à sa langue sœur le français, qui reste toujours la langue des savants et la plus répandue du monde, puis en partie aussi — pour 20 % environ — aux langues germaniques. Ce dont il faut le louer aussi c'est qu'il a su donner à sa langue les terminaisons les plus simples et les plus belles : par exemple, pour le substantif la terminaison *o* (la *naturo*, la nature) (1), à l'adjectif la terminaison *a* (natura, naturel), au verbe la terminaison *i* (naturi, naturaliser) et à l'adverbe la terminaison *e* (nature, naturellement), de sorte que sa langue possède les sons harmonieux de l'italien. Ajoutez à cela que les consonnes sifflantes *sch* et *tsch*, qu'il emploie, donnent une nuance de ton admirable, exactement comme les cymbales et la grosse caisse sont le complément nécessaire de la musique ; c'est ce qui manque au Volapük qui n'a pas la consonne R.

En comparant le petit dictionnaire primitif de Schleyer avec la liste des radicaux que donne le Dr

---

(1) En *lingvo internacia*, contrairement au Volapük, c'est toujours sur l'avant-dernière syllabe que porte l'accent. J'attire ici en même temps l'attention sur la différence de prononciation des consonnes suivantes : ch : tch, gh : dj, hh : h dur (rendue en français par r), v : v, z : s, sh : ch, j : notre j français. — Le Dr Esperanto emploie pour ces lettres ch, gh, hh, jh et sh, les lettres c, g, h, j, s, surmontés d'un accent circonflexe ce que je n'ai pu faire, l'imprimeur n'ayant pas ces caractères spéciaux. Ils seront fidèlement reproduits dans la grammaire.

A. D.

Esperanto, les paroles de Bauer, d'il y a deux ans, me reviennent à la mémoire :

« Schleyer a mis trop de précipitaton à publier son œuvre ; il aurait dû préalablement consulter les linguistes favorables à son idée. » Le procédé du D<sup>r</sup> Esperanto doit avoir été tout autre que celui de Schleyer ; on s'en aperçoit, du reste, dès que l'on s'est servi plusieurs fois de son vocabulaire. Tandis que Schleyer, guidé seulement par sa haute inspiration, beaucoup aussi par son caprice, notait, au petit bonheur, d'après un vocabulaire allemand, les mots qui lui paraissaient les plus convenables et nous les servaient en guise de *dictionnaire universel*, le D<sup>r</sup> Esperanto, au contraire, s'efforçait de choisir seulement les mots les plus usuels qui, combinés aux syllabes finales qu'il avait formées, donnent la dérivation du plus grand nombre possible de mots.

Ceci demande assurément à un homme une étude de plusieurs années, surtout lorsque cet homme, absorbé qu'il est par les fonctions de sa profession, ne trouve ça et là que quelques moments de liberté. Le D<sup>r</sup> Esperanto est arrivé néanmoins à ce résultat magnifique de pouvoir prétendre écrire des livres entiers avec un millier de mots seulement, les syllabes finales comprises. Pour n'en donner qu'un exemple, le petit dictionnaire de Schleyer — cinquième édition — donne sous la lettre F *quatre-vingt-huit* mots ; Esperanto n'en donne que *cinquante-cinq*, et encore parmi ceux-ci, s'en trouve-t-il *quatorze absolument indispensables* qui manquent chez Schleyer ! Par contre, sur ces 88 mots, Schleyer a volapükisé 20 mots étrangers, tout à fait inutiles, les rendant même souvent méconnaissables comme : *fablüd* pour *fabriko* (1), *famül* pour *familio*, *fébul* pour *februaro*, *füg* pour *figuro*, *pükav* pour *filologio*, *filosop* pour *filosofio*, *fiam* pour *firmo*, *fit* pour *fisho*, *lestæn* pour *flago*, *flad*, pour *botelo*, *forn* pour *formo*, *fotogaf* pour *fotografio*, *fot* pour *arbaro* (ar, signifie, d'après Espe-

---

(1) Le premier mot, toujours incompréhensible, est de la fabrication de Schleyer, le second, qui n'a pas besoin d'être expliqué, et qui peut être compris de tous les lettrés, est du D<sup>r</sup> Esperanto. A présent que nous avons la *Lingvo internacia*, nous n'avons qu'à comparer toujours un mot de Schleyer avec un mot d'Esperanto pour pouvoir expliquer aux profanes celui-là par celui-ci.

ranto, un rassemblement, une collection de certains objets, de là, du mot *arbo* qui veut dire arbre, on forme *arbaro*, forêt, de *vorto*, qui veut dire mot, *vortaro* dictionnaire, etc.) *Flent* pour *Francujo* (la France ; *uj* signifie, d'après Esperanto, l'idée de conserver, de porter, de soutenir, c'est-à-dire objet où l'on conserve quelque chose, plantes portant des fruits, pays habité, de là, de *pom* qui veut dire pomme, on forme *pomujo* qui veut dire pommier, de *plum*, plume, *plumujo* porte-plume, de *tabak*, tabac, *tabakujo*, tabatière, etc.), *fluk* pour *frukto*, *plo* pour *pro*, *flidel* pour *vendredo*, (jour de Vénus, jour de Freya).

Tous ces mots, qui déjà en eux-mêmes sont des *mots universels* d'une langue universelle, et qui se comprennent suffisamment, pour ne nécessiter aucune autre interprétation, Schleyer les a tellement transformés, tellement estropiés, qu'il est nécessaire, comme vous le voyez, de les apprendre de nouveau. Il est clair, que dans ces conditions, les Volapükistes ne parviendront jamais à se défaire de leur dictionnaire, à moins d'amener l'écroulement complet de l'édifice. Plusieurs élèves du cours de Volapük, dans notre ville voisine de Fürth, me disaient autrefois : « La grammaire du Volapük nous plaît assez, mais nous ne l'achèterons pas, vu son prix élevé, tant que cette langue ne sera universellement connue et adoptée, car, s'il nous faut apprendre par cœur, tant de mots, il vaut mieux apprendre le français ou tout autre langue. » Je ne pouvais contredire le certain bien fondé de cette assertion ; j'ai recherché depuis à faire mieux, ce dont vous vous apercevrez bientôt, si vous voulez bien consacrer quelques heures seulement à la *Lingvo internacia* telle que je l'ai perfectionnée.

Vous comprendrez, notamment, que l'on peut avec le petit vocabulaire du Dr Esperanto, que j'ai joint à mon travail, à l'aide des syllabes radicales internationales, dont j'ai donné une nomenclature, avec les milliers de mots étrangers internationaux qui, en grande partie, viennent du grec et du latin, avec nos termes généraux commerciaux, empruntés pour une très grande partie à l'italien, avec la combinaison des mots, et, si tout cela ne suffisait pas encore, mettant à contribution nos connaissances, aujourd'hui si étendues, à l'aide de nouveaux radicaux français ou allemands, que l'on est en état, dis-je, avec tous ces moyens qui s'offrent à nous si abondamment, d'exposer toutes nos pensées de vive voix comme par écrit, pour être compris de la même façon dans tout l'univers. Il y a encore un assez grand nombre de professeurs de langues qui n'ont aucune idée du style simple international, grâce auquel on évite les différents idiotismes, comme la grammaire internationale permet d'éviter les irrégularités des langues nationales ; la faute leur en incombe parce que leurs préjugés et même les intérêts de clocher leur défendent de s'en persuader.

Nous avons donc constaté que Schleyer a rendu les mots étrangers les plus usuels, par leur transformation, c'est-à-dire leur adaptation à sa grammaire, si méconnaissables, que, positivement, il faut les apprendre de nouveau ; à les entendre, ils nous paraissent même parfois enfantins, comme par exemple *fotogaf* pour photographie, *telegaf* pour télégraphie, *pofüd* pour profit, Deut (prononcez *Déoute*) pour Allemagne, *Pleus* (prononcez *Plé-ousse*) pour Prusse, *gel* pour orgue, *solat* pour soldat, et l'hilarité est déjà provoquée lorsque des mots comme *tidél* : maître d'école, *tedél* : négociant, *tudél* : aujourd'hui, sont lus avec l'accentuation allemande : *tidel*, *tédel*, *tudel*, etc. Pour beaucoup de mots étrangers, Schleyer a même eu recours à la périphrase comme dans *nosanum* (nombre de rien) pour *zéro* ; *sumon* (surargent) pour *agio* ; *potamon* (argent de poste) pour *port* ; *planaglofam* (croissance de plante) pour *végétation* ; *lienastum* (instrument pour les lignes) pour *règle* ; *filabel* (montagne de feu) pour *volcan* ; *bœledamon* (argent d'âge) pour *pension* ; *bukakonlet* (collection de livres) pour *bibliothèque*, etc. En outre, il y a beaucoup de mots dont l'origine restera toujours une énigme, même pour les polyglottes, comme par exemple, *glœt* jalousie, qui se distingue à peine dans la prononciation de *Klœd*, croyance.

Tandis que le D$^r$ Esperanto, pour former son matériel de mots, n'a pris comme radicaux que les mots généralement les plus usités, résolvant ainsi magistralement, pour la première fois, le *problème lexicologique d'une langue universelle*, Schleyer n'a pas eu la moindre conception de cette manière de procéder, et semble même n'avoir jamais pensé à ce point essentiel. Examinons donc aussi cette question, en prenant comme modèle la *lingvo internacia*. D'après celle-ci, ai-je prétendu, on peut à présent « mesurer » la valeur de tous les systèmes de langues internationales, car on peut la considérer, dans les parties essentielles, comme irréprochable à tous les points de vue. Lorsqu'enfin on se sera rendu compte de l'insuffisance du Volapük, et que l'on voudra bien examiner de plus près l'admirable invention du Dʳ Esperanto, on ne pourra manquer d'être saisi d'une admiration durable contre laquelle l'étonnement qu'a causé le Volapük à son apparition n'aura rien été ; car, outre cette simplification grammaticale du Volapük, dont tout le monde s'est montré émerveillé, la *lingvo internacia* possède aussi la *simplification dans la formation des mots* qui, jusqu'ici, avait été la pierre philosophale des langues universelles. Le dictionnaire allemand-volapük de Schleyer, donne 52 mots sous la lettre *U*, tandis que le Dʳ Esperanto n'en donne que 11. Il y a donc, sur 52 mots seulement du dictionnaire de Schleyer, 41 mots qui sont tout à fait inutiles et que l'on peut former soi-même d'après les mots primitifs (les radicaux) du Dʳ Esperanto ; comme par exemple, mal (le) : *bad* (*malbonajho*) ; plus : *plu, ove, do* (*pli, super, pri*) ; partout : *vœtopo* (*chie*) ; d'ailleurs : *ʒu* (*ankorau, ekster aparte*) ; abondance : *bundan* (*supermeʒo*) ; en général : *valiko* (*generale, universale*) ; réfléchir : *suenœn* (*pripensi*) ; titre : *lovepenœd* (*titulo*) ; restam : *lemænik* (*resta*) ; du reste : *lemæniko* (*cetere*) ; exercice : *plægam* (*praktiko, ekserciso*) ; cercle : *ʒüm* (*chirkauajho*) ; diphtongue : *vœkœd* (*diftongo*) ; couverture : *kœv* (*koverto*) ; d'autant plus : *pluo* (*tiom pli*) ; gratis : *glato* (*gratise, senpage*) ; en vain : *vanliko* (*senutile, vane*) ; adverbe : *ladvelib* (*adverbo*) ; inconnu : *nepesevik* (*nekonita*) ; ingratitude : *nedan* (*maldanko*) ; et cœtera : *e lemanikos* (*kajcetere*) ; gratuit : *glatik* (*senmona*) ; Hongrie : *Nugæn* (*Hungarujo*) ; à peu près : *ʒa, ba* (*chirkau, preskau*) : malheur : *nelœb* (*malfelico*) ; universel : *valemik, valodik* (*universale*) ; dernièrement : *bletimo, nelonedo* (*antau mallonga tempo*) ; impossible : *nemœgik* (*neebla*) ; tort : *negit* (*maljugho, maljusto, malpravo*) ; en bas : *diso* (*malsupre*) ; subsistance, entretien : *sibinam* (*restigado*) ;

entretien, discours: *musam (enterparolado, konversaciono, konversado)* ; entreprise : *beginam (entrepreno, estontigo)* ; leçon, enseignement : *tidam (instruo, lernigo)* ; signature : *disopenæd (subskribato)* ; défaut: *netug (malbonajho, malvirtuo, maltaugeco)* ; fausseté, assertion fausse : *nevelat (malvereco)* ; infinité : *nenum, plumôd, tumôd (nombrego)* ; mécontent: *nekotenik (malkontenta)* ; Oural: *Ural (Uralo)* ; auteur : *rigel, lautel (kauzulo, autoro, verkisto)* ; autorité : *rigelef, rigelüg (autoreco)* ; document: *dokum (dokumento)* ; cause, motif : *kod (kauzo)*.

Schleyer a donc estimé que tous ces mots devaient figurer dans son petit dictionnaire ; Esperanto, au contraire, les a jetés par dessus bord, les considérant, avec raison, comme un lest inutile, car, comme je viens de l'indiquer, tout le monde peut les former soi-même. C'est ce que Schleyer n'a pas compris. Il dit même dans son Avant-propos que ce premier vocabulaire de sa langue universelle contenait plus de 2,000 mots qu'un élève, quelque peu appliqué, pouvait s'approprier en un an et se faire comprendre ainsi dans tout l'univers. Ne vous prend-il pas envie de demander: s'il faut une année entière pour apprendre ces 2,000 mots, combien de temps faudra-t-il donc pour les 20,000 mots de son nouveau dictionnaire ?..... Et, s'il est prouvé, qu'en moyenne, sur **5** mots de Schleyer, il y en a toujours **4** d'inutiles, comme les 41 sur les 52 trouvés à la lettre *U,* il faudra dire alors que, parmi les 20,000 mots, il y en a 16,000 à l'étude desquels les pauvres volapükistes emploient inutilement leur temps !

M. Rosenberger, de Saint-Pétersbourg, est cependant d'un autre avis, car il a écrit dans le journal volapükiste *Rund um die Welt* cette phrase : « Le professeur Kerckhoffs a démontré comment l'on peut former d'un radical — comme par exemple *pük,* langue — par l'emploi de préfixes et de *suffixes clairement définis,* des mots intelligibles pour lesquels Esperanto-Einstein a besoin de 10 radicaux différents ». Je voudrais bien savoir ce que M. Rosenberger entend par « préfixes et suffixes clairement définis », au moyen desquels on obtient « des mots immédiatement intelligibles » ce qui l'amène à dire finalement tout enthousiasmé : « C'est là un des points les plus éclatants où le génie de Schleyer s'est surpassé ». Examinons d'un peu près ce « point le plus éclatant » du génie de Schleyer et demandons à ceux qui ne sont pas initiés depuis des années aux secrets du Volapük : Si le radical est *pük* que doivent donc signifier les mots qui en sont dérivés comme *pükat* et *pükot* ? On ne peut assurément le savoir si l'on ne connaît pas la signification des suffixes de Schleyer *at* et *ot*. Ils désignent tous deux d'après Schleyer : des choses, des objets et le préfixe allemand *ge*. Quel vaste champ ouvrent à l'esprit ces choses, ces objets et ce préfixe *ge* ! On peut tout penser et même rien ; quant au préfixe *ge*, celui qui n'est pas allemand ne peut en avoir aucune idée. Je me suis donc donné la peine, pour faire plaisir à M. Rosenberger, de chercher dans la grammaire de M. Kerckhoffs, comment il s'y prend pour expliquer ceci à ses Français ou tout au moins pour leur rendre la chose plausible. J'y ai trouvé les syllabes *ad, at, ed, od, ot*, servant à la fois pour les *noms concrets* et pour les *noms abstraits*, avec cet avertissement : « Comme il n'est pas possible d'établir une classification systématique de nos idées et de nos connaissances, l'auteur du Volapük a admis un certain nombre de suffixes, qui ne correspondent à aucun ordre d'idées déterminé. « Tels sont *ap, eg, ib* pour les noms concrets ; *et, ug, üg* pour les noms abstraits et les suffixes indiquées plus haut. Donc, d'une part, un couteau sans lame, puis de l'autre, un couteau sans manche, et un couteau sans lame ni manche ! Rien d'étonnant alors à ce que les volapükistes n'en puissent rien faire, c'est-à-dire ne puissent, avec leurs seules ressources, former leurs radicaux ou, s'ils le sont déjà, en faire dériver les mots qui s'y rattachent. C'est pourquoi il arrive fréquemment qu'un élève, bien que s'occupant de Volapük depuis des années, se trouve encore abandonné par sa mémoire à tel point qu'il va confondre aujourd'hui *pukat* avec *pükot*, demain *pükot* avec *pükat*. Cependant le Dr Esperanto a démontré qu'il n'était pas si difficile d'apporter une meilleure classification à nos idées que ne l'a pu l'auteur du Volapük de Litzelstetten. Pour les mots, comme pour les syllabes de dérivation, Schleyer n'a considéré que la forme extérieure et ne s'est pas assez inspiré de l'esprit des langues, tandis que le Dr Esperanto, au contraire, a créé des syllabes de dérivation qui conviennent, non seulement à une langue nationale déterminée, mais qui sont des syllabes significatives, représentant les dérivations les plus essentielles au point de vue international, de telle sorte que ces syllabes peuvent même être employées comme substantifs. (1)

Ainsi, avec la syllabe *ad*, désignant la durée de l'action, je peux former moi-même, d'après le mot *la parolo*, qui veut dire *la parole*, le mot *parolado* qui voudra dire un *discours* ; j'ai, en outre, à ma disposition les mots la *diskurso*, la *konferanco* pour lesquels Schleyer, avec son *pükat*, ne fait aucune différence. Et, veut-on savoir ce que Schleyer veut dire, avec son *pükot* (je dis *veut* car il s'agit bien ici du bon plaisir de Schleyer), je n'ai qu'à prendre dans la langue du Dr Esperanto le radical *la babilo* : le babil (de là, *babilado*, en Volapük *lupükot* : le babil incessant), ou dialogo : le dialogue, l'entretien, ce que le Dr Kerckhoffs rend par *telapükot* dialogue : en opposition à *okapükot* : monologue, qu'en *langue internationale* je traduirai par *monologo*, que les lettrés de toutes les nations comprendront bien mieux. Et si je poursuivais, je pourrais vous prouver que les dix radicaux différents qui, suivant M. Rosenberger, sont indispensables dans *la lingvo* pour reproduire les mots « immédiatement intelligibles » de Schleyer « par l'emploi de préfixes et de suffixes clairement définis, » que ces dix radicaux, dis-je, sont des *mots généraux* que l'on n'a nul besoin de fabriquer auparavant *pour ne pas les comprendre*, mais que tout homme un peu instruit connaît, sans avoir besoin de recourir pour cela, à un dictionnaire. Je suis, du reste, fermement persuadé que ni M. Rosenberger, ni M. Kerckhoffs ne connaissent par cœur tous les mots du dictionnaire de Schleyer ; M. Schleyer me l'a avoué pour sa part, il y a déjà quatre ans, alors que son dictionnaire n'avait pas la moitié de l'importance de celui d'aujourd'hui. Et, en ce qui me concerne, j'en suis arrivé, non

---

Dans le numéro 17, page 26, de son journal « le *Volapük* » le Dr Kerckhoffs se tourmente de nouveau vainement avec la « question des suffixes de Schleyer. » Pourquoi donc ne pas le confesser, pourquoi ne pas verser complètement l'eau sale et en remettre de la pure, comme nous, avec la *Lingvo internacia* ?

seulement à avoir oublié une grande partie du vocabulaire de Schleyer — ce qui est beaucoup plus facile qu'avec les autres langues — mais à croire que tout ce vocabulaire n'est pas digne d'attention. Il faut dire aussi que beaucoup de volapükistes hésitent à acheter un vocabulaire si coûteux parce que les éditions se renouvellent sans cesse, Schleyer apportant à chacune d'elles des modifications aux mots primitifs, modifications qui sont souvent tout l'opposé d'améliorations. Ainsi, dans les premières éditions, le *cousin* se disait très justement *kæsen*, aujourd'hui c'est *kæsel*, comme s'il appartenait à la même catégorie que les mots tailleur, *teladel* ; cordonnier, *jukel* ; maître, *tidel ;* camarade, *kamadel ;* juif, *yudel ;* Schleyer ne peut même pas se passer, dans son Volapük, des mots *faire le juif* et *juiverie* (1). Dans chaque nouvelle édition on trouve l'avis suivant : « Le dictionnaire précédent est supprimé, plusieurs mots ayant été complètement transformés », puis : « c'est toujours le dictionnaire le plus récent qui est prépondérant. » C'est vraiment dommage qu'il n'en paraisse pas un tous les mois comme réédition de la tour de Babel. Ainsi, jusqu'à présent, promettre se disait *pœmetæn ;* la dernière édition que je ne possède malheureusement pas, donne, paraît-il, *bœmetœn*. Je désirerais bien aussi proposer à l'Académie française d'écrire dorénavant *bromettre*, d'après ce beau précepte : *variatio delectat !*

J'arrive ainsi à parler du vocabulaire en lui-même, et il est toujours préférable de comparer chaque mot ou chaque phrase du Volapük avec le mot ou la phrase correspondants de la *lingvo*, pour bien se rendre compte de l'énorme différence qui existe entre les deux langues ; je vais tâcher de le démontrer avec quelque méthode : *tim, tempo; stim, estimo; spel, espero; bel, monto; mag, imago ; plin, komplimento ; fikul, malfacileco ; lan, animo ; lol, rozo ; lil, orelo ; lindif, indiferenco ; po, poste ; pat, particulareco ; specio ; fem, fermentaciono ;*

---

(1) Ce qui fait dire à M. le D<sup>r</sup> Kerckhoffs dans son journal le *Volapük* (3<sup>e</sup> année, n° 17, page 262) : Il nous semble même qu'un mot comme *yudanæn,* faire le juif, devrait être banni de la langue ; nous n'avons pas à faire de l'antisémitisme !

*nam, mano ; xol, bovo ; lafab, alfabeto ; lautel, autoro ;
ladyek, adjektivo ; nœg, ovo ; lin, ringo ; blod, frato ;
plepalœn, prepari ; bod, pano ; blud, sango ; lad, koro ;
laned, lando ; jamep, hero ; Melop, Ameriko ; cœdik,
justo ; blit, pantalono ; lem, elemento ; ta, kontrau ; nœk,
onklo ; latab, altaro ; laltüg, artikolo ; pœnob, pronomo.*

Quelques exemples de phrases :

| *Volapük* | *Lingvo internacia* |
|---|---|
| 1. Slip binom mag deila. | 1. La dormo estas l'imago de la morto. |
| 2. Fom tala binom glœpik. | 2. La formo de la tero estas ronda. |
| 3. Lif mena binom blefick. | 3. La vivo de la homo (de l'homo) estas mallonga. |
| 4. Mun getom liti omik dub (me) sol. | 4. La luno ricevas sian lumon per la suno. |
| 5. Sak onsa tefü pœsod oba nulagom obi , ibo indins somik pœsod nindukela binom nen malam ed ævilob la blibœn tenalo œned nenem. | 5. Via demando tushante mian personon min mirigas, char en tia afero la persomo de l'iniciatoro estas tute sen signifo, kaj mi volus resti eterne sub pseudonimo. |

On comprendra maintenant pourquoi le peuple, le *vulgum pecus*, désigne toujours comme étant du Volapük tout ce qui lui est inintelligible : C'est du Volapük », dit le facteur, lorsqu'il apporte une carte postale écrite dans une langue étrangère qu'il ne peut comprendre. Cependant, on me fait valoir constamment la brièveté du Volapük ; cette brièveté est devenue sa tombe, comme nous l'avons constaté depuis longtemps, car c'est cette brièveté si vantée qui est la cause de son obscurité. Le plus curieux, c'est que c'est justement M. Alfred Kirchhoffs, professeur à l'Université de Halle, qui m'a fait déjà plusieurs fois cette objection dans le *Saale Zeitung* et dans le *Rund um die Welt*. Dans cette dernière feuille il dit : « Si ces Messieurs (c'est-à-dire les apostats du Volapük : Théodor Schuppli à Dresde et Einstein avec sa fameuse découverte de la dérivation du mot *ciseaux* en Volapük (1) voulaient bien seulement nous dire, par une

---

(1) Il a oublié de nommer MM. le D<sup>r</sup> Bauer et Jules Lott ! Il convient d'ajouter aussi le volapükiste n° 1, M. Lentze, publiciste à Leipzig et le comte de Taufkirchen, de Munich, qui vient de se démettre de ses fonctions de directeur du *Klub valemik* (association générale) soi-disant

critique négative, de quelle façon on doit former les mots d'une langue si ce n'est en prenant les radicaux des trois principales langues naturelles et de les modifier au besoin suivant le bon principe, le seul véritable : « la plus grande brieveté possible et la facilité phonétique. »

Je me permets de demander humblement à M. le professeur s'il maintient ce qui précède, après toutes mes explications, et quelles sont, d'une façon générale, les objections qu'il a à présenter. J'attends en vérité impatiemment sa réponse ; (1) pour moi, la comparaison que j'établis aujourd'hui entre le Volapük et la Lingvo internacia est celle du bateau à voile avec le bateau à vapeur, et il ne me vient plus à l'idée de me servir du premier, ce que tout homme d'un peu de bon sens approuvera, je pense ; il faudrait être en effet volapükiste enragé pour préférer, quand même, le premier au second. Si insensé que cela paraisse, il y a bien eu déjà de ces gens qui, par principe, n'ont voulu à aucun prix se servir du chemin de fer !

Le vocabulaire de Schleyer est donc, malgré ou justement *à cause* de sa brièveté, un fatras inutile, demandant une grande mémoire, et Hans Moser dit avec raison : « Un système de langue universelle ne doit pas mettre par trop la mémoire à contribution. » A quoi sert en effet la brièveté, si en écrivant, par exemple : *Dokele Alfred Kirchhoff, plofed nivera Halle*, je ne suis pas compris de suite et qu'il faille chercher d'abord chaque mot dans le dictionnaire, sans pouvoir encore comprendre ce que j'aurai trouvé ; pourquoi chercher ainsi, de midi à quatorze heures, tandis que tout le monde me comprendra, de suite, si j'écris à la Esperanto : *Al doktoro Alfred Kirchhoff professoro de la universitato Halle*. Avant d'avoir trouvé les mots dans le dictionnaire de Schleyer, j'aurai déjà peut-être lu la carte tout entière du Dr Esperanto. De quel côté, je vous le demande, est donc la plus grande brièveté, la plus grande clarté et le plus grand bon sens ? Je ne veux pas m'y attarder plus longtemps, car la chose est trop naïve, et il faut vrai-

---

parce que cette Société n'existe plus. (M. Kniele doit en connaître les motifs !) On le voit, le nombre des *renégats* augmentent et il est bien injuste de me comprendre seul dans la secte d'excommunication de Schleyer.

(1) Je l'attends encore ! (Mai 1889).

ment avoir l'intelligence bornée pour ne pas le concevoir. Et comme le premier principe d'une langue universelle est d'être facile à apprendre, qu'il ne faut pas non plus demander de trop grands efforts à la mémoire, j'arrive à parler, en terminant, d'un point très important, très intéressant que M. Schleyer n'a pas non plus compris, et sur lequel je n'ai été fixé moi-même que par la *Lingvo* du Dr Esperanto.

M. Schleyer était notamment d'avis — ce qui lui a même fait écrire de longues tirades — que les idées en Volapük devaient se scinder comme en allemand, ce qui, comme nous le verrons bientôt, charge encore inutilement la mémoire. J'entends par là, les *synonymes* qui, comme on le sait, offrent pour l'étude d'une langue nationale des difficultés spéciales, parce que ces divisions d'idées ne se ressemblent pas dans les différentes langues, chacune ayant ses particularités, ses idiotismes spéciaux, d'après la devise connue : *Sumn cuique*. Schleyer a également méconnu cette différence qui existe dans les langues ; ce n'est pas que la question lui ait échappé ; mais il s'est, là encore, laissé influencer par la langue allemande, et n'a pas observé le principe international d'une langue universelle, laquelle doit être « dénationalisée » de tout ce qui est spécifiquement national. Il croyait, faussement aussi, à la plus grande richesse de la langue allemande comparativement à la langue française et autres langues, ce que l'on prétend encore généralement chez nous. Cette prétention est fausse et on s'en aperçoit aisément par un examen plus attentif, car si nous prétendons que les français n'ont *qu'un mot* à opposer à *plusieurs mots* allemands, les français à leur tour peuvent nous faire la même objection. Pour le prouver, je vais prendre seulement le verbe *abnehmen* (ôter, enlever) dans les phrases :

| | |
|---|---|
| Den Hut *abnehmen*. | Se découvrir. |
| Den Rahn von der Milch *abnehmen*. | Ecrémer le lait. |
| Das fett von der Fleischbrühe *abnehmen*. | Dégraisser le bouillon. |
| Die Bürde *abnehmen*. | Décharger le fardeau. |
| Den Verband *abnehmen*. | Enlever l'appareil. |
| En Glied (des Kœrpers) *abnehmen*. | Amputer un membre. |
| Den Bart *abnehmen*. | Raser. |
| *Abnehmen* (mager werden). | Maigrir. |

| | |
|---|---|
| Die Larve *abnehmen*. | *Démasquer*. |
| Das Obst *abnehmen*. | *Cueillir* le fruit. |
| Das Geld im Spiele *abnehmen*. | *Gagner* au jeu. |
| Die Tage *nehmen ab*. | Les jours *décroissent*. |
| Einen Eid *abnehmen*. | Faire *prêter* serment. |
| Die Speisen *abnehmen*. | *Desservir* les viandes. |
| Etc. | Etc. |

Sans doute, dit Jules Ponge, à qui j'emprunte ces exemples, la langue allemande est plus riche que la langue française, mais cette richesse n'est pas tant dans les mots, que dans la construction, la langue allemande n'admettant pas l'*inversion* aussi fréquemment que la langue française.

Ainsi, par exemple, la synonymie française de Auguste Waldow, arrangée par Girard, Roubaud et Boiste avec des exemples de 214 des meilleurs écrivains français, ne comprend pas moins de 2,000 mots français pour lesquels il n'y en a en allemand que 700 environ ! Le français a, par exemple pour le mot allemand *Augenblick* deux expressions à sa disposition, *moment* et *instant*. Celui-là a une signification plus large que celui-ci ; celui-là désigne le temps en général ou l'époque d'une action, celui-ci la durée de temps la plus courte. Prenons le mot *Kugel* ; le français a plusieurs manières de le traduire : boule, boulet, balle, bille, ballotte, etc., mais boule signifie une boule en bois pour jouer aux quilles, ou bien une boule au pied d'une armoire ou sur le haut d'une tour, etc. ; boulet, c'est l'engin de guerre (canon) ainsi que balle (fusil), etc. ; bille, c'est la bille pour jouer au billard et une ballotte c'est la petite balle qui sert à donner les suffrages. D'une façon inverse l'allemand emploiera quelquefois une douzaine de mots là ou en français une seule expression est employée, ou pour mieux dire, peut-être, suffit.

Ainsi le verbe *mettre* (se mettre) pourra se traduire en allemand par : *legen, setzen, stecken, biegen, werfen, anziehen, aussetzen, anlegen, ziehen, ablegen, anfangen, sich Kleiden* ; *faire* par : *machen, thun, schaffen, bauen, weben, verursachen anrichten*, etc. Pour *machen* et *thun*, le français n'a du reste que le mot *faire* et cependant avec ces deux mots l'allemand exprime des différences très délicates, sans conscience, il est vrai. On peut même à ce sujet interroger les esprits que l'on est convenu d'appeler cultivés, ceux qui viennent de dévorer en quatre semaines 6 éditions du nouveau roman d'Ebers, traduit en 6 langues, questionnez-les donc et c'est à peine s'ils pourront vous donner des explications satisfaisantes quant à la différence qui existe entre *machen* et *thun* dans leur propre langue maternelle : une preuve que les langues s'apprennent plutôt par la pratique, l'exercice et l'habitude que par leurs règles. C'est du reste une méthode encore employée aujourd'hui dans les écoles juives, et je montrerai plus tard, par quelques exemples empruntés à mes souvenirs de jeunesse, que « grise est toute théorie, vert est l'arbre doré de la vie » — comme dit Gœthe dans son Faust — et qu'un gramme de pratique a plus de valeur qu'un quintal de théorie ! Ceci n'est en somme que le produit de cela, ce qui faisait dire à notre très spirituel philologue Lazare Geiger que les Dakotas n'auraient pas de langue s'ils avaient dû en faire auparavant la grammaire. Gœthe a dit aussi très justement : « Celui qui ne connaît pas de langue étrangère, ne connaît pas la sienne » et j'ajouterai à mon tour : Celui qui ne connaît pas la *Lingvo* du D<sup>r</sup> Esperanto ne connaît pas le Volapük de Schleyer, et plus, on s'assimile de langues, plus on est à même de savoir comment l'on doit s'exprimer dans la langue universelle (*tutmonda lingvo*) pour être compris de tous : On pourra alors se faire une idée de l'utilité, de la nécessité, dirai-je même, d'une langue universelle à notre époque où tous les peuples tendent à s'unir de plus en plus, et c'est pourquoi cette question, dont on n'apprécie malheureusement pas toute l'importance, a besoin d'être discutée et éclaircie. Schleyer, malgré tout son mérite d'avoir ramené d'une façon sérieuse la question d'une langue universelle sur le tapis et de l'avoir conduite en bonne voie s'est beaucoup trop peu occupé de la *philosophie* de la langue, sans quoi il aurait pu s'épargner comme à ses adeptes une foule de mots qu'il a fabriqués inutilement. Si, en effet, le seul mot *faire* suffit aux français pour *thun* et *machen*, à plus forte raison un seul mot doit-il suffire à une *langue universelle* dont le principe fondamental doit être la *facilité d'étude* ; c'est pourquoi aussi le D<sup>r</sup> Esperanto n'a employé pour ces deux mots que le seul mot *fari*, contrairement à Schleyer, qui éprouve le besoin de traduire ce verbe *faire* de *trois* façons différentes : *mekœn* (l'allemand *machen*), *dunœn* (l'allemand *thun*) et enfin *duinœn* (l'allemand *leisten*). Si nous considérons combien d'idées analogues l'allemand attribue au mot « *thun* », l'anglais à son « *to get* », le français à son « *mettre* », que le Dʳ Esperanto rend par *meti*, nous devons poser comme premier principe, pour le choix de synonymes, dans une langue universelle, celui-ci : Choisir d'abord l'expression la plus usitée et l'enchaînement des idées, indiquera déjà avec quelle expression *spéciale* celle-ci devra être chaque fois rendue dans la langue nationale correspondante.

Mais revenons-en à nos moutons. Le sens est absolument le même, par exemple, lorsque la bible hébraïque dit d'Eve qu'elle a *pris*, au lieu de *cueilli* le fruit de l'arbre de la connaissance du bien et du mal. Si, donc, l'on ne trouve pas dans le dictionnaire d'Esperanto le mot *cueillir*, on n'a qu'à se contenter du mot *prendre*, mais si l'on tient absolument au mot *cueillir* rien n'est plus facile que de le former soi-même de *shir* : arracher, que l'on fera suivre de la *syllabe affaiblissante* ET, ce qui fera *shireti*, cueillir. Mais je crois qu'il est en général inopportun, en matière de langue universelle, de faire preuve d'une telle minutie, car il faut éviter ici tout ce qui est inutile, contrairement aux langues naturelles où l'on rencontre trop souvent excès de mots d'un côté, pauvreté de l'autre.

Du reste, les mots universels du Dʳ Esperanto suffisent pleinement aux besoins ; je reconnais néamoins qu'il faut faire preuve d'une certaine perspicacité et d'une certaine habileté pour combiner les mots entre eux et pouvoir internationaliser soi-même tel ou tel mot. Soit dit en passant, le *plena vortaro*, dictionnaire complet, du Dʳ Esperanto qui a paru avec traduction russe paraîtra sous peu aussi en allemand, en français et en anglais et viendra ainsi en aide aux esprits moins doués. Dans la bible, qui en général est encore très pauvre de mots, bien qu'elle le soit davantage que nos langues modernes, pour exprimer les idées religieuses, *isch* et *ischah* signifient *homme* et *femme* comme il est dit au passage Gen. 7, 2 : « De tout le bétail sain, tu en prendras sept sept. » La répétition du nombre indique ici l'idée de « paire »; en outre, le nom *ischah* s'appliquait à chaque chose se prêtant ou étant destinée à être réunie avec une autre chose (voyez à ce sujet *Maimonides More nebuchim*, chapitre 6), comme par exemple dans l'exode C. 26, V. 3 : « Les cinq rideaux du tabernacle doivent être assemblés *ischah œl achothah* », une femme avec sa sœur, ce que nous traduisons par « l'un avec l'autre » rideau étant du masculin en allemand, mais du féminin en hébreu. Dans une langue universelle, tous nos efforts doivent tendre à limiter le nombre des mots au minimum indispensable. Ainsi le mot *ricevi* du D$^r$ Esperanto suffit pour rendre le mot recevoir que nous traduisons en allemand de cinq manières différentes. Il est vrai qu'en allemand nous pouvons, avec ces cinq expressions, rendre des nuances de pensées très sensibles, mais, comme je l'ai dit, il ne faut pas chercher une telle subtilité pour une langue universelle, il ne faut pas chercher non plus à en faire une langue où chacun pense ou traduise à sa manière : 1° cette subtilité est inutile, parce que la façon dont la phrase est conçue, son enchaînement indiquent déjà immédiatement quel en est le sens et comment l'on doit la rendre dans sa langue maternelle ; 2° une telle division de mots rendrait l'étude d'une langue artificielle aussi difficile que celle des langues naturelles et prêterait facilement à la critique ; 3° c'était une des erreurs de Schleyer, au point de vue lexicologique, de ne pas prendre en considération ceci, que bien souvent, là où une nation divise l'idée, l'autre ne le fait pas et qu'une division faite ainsi d'après la langue allemande, comme c'est toujours le cas en Volapük, ne favorise que celle-ci sans tenir compte des langues de toutes les autres nations qui sont cependant intéressées dans une large mesure à cette question de langue universelle. Ainsi pour n'en donner qu'un exemple, pour les expressions allemandes traduisant *paresseux, nonchalant : faul, unfleissig, træge, læssig, nachlæssig, verdrossen, fahrlæssig*, etc., le seul mot *faul* est suffisant parcequ'à cette idée principale se rattachent toutes les idées subséquentes dont l'explication se trouve déjà dans la teneur générale de la phrase. Le D$^r$ Esperanto n'a même pas un mot spécial pour *paresseux* parcequ'il en a déjà un pour *appliqué* qui est *diligenta* d'où par antithèse pour paresseux, *maldiligenta* ce que

Schleyer traduit aussi par *nedutlik*. Pourquoi donc Schleyer n'a-t-il pas appliqué partout ce système d'une façon méthodique comme le demande le D^r Esperanto ? Il aurait pu s'épargner ainsi un très grand nombre de mots. Une langue universelle ne doit justement pas avoir d'inconséquences, car c'est là ce qui doit faire en grande partie, sa supériorité sur les langues naturelles. Enfin, pour terminer, me réservant de traiter ultérieurement tout ce qui me resterait à dire surtout en ce qui concerne la grammaire et le style, je me permettrai d'adresser un seul mot à M. Hypolite Guigues, *Plofed Volapüka e Gletava, Sekretel Kadema e Volapüka Kluba flentik*, c'est-à-dire en lingvo internacia, *Profesoro de la Volapüko kaj de la Matematiko Skribisto de la Akadémio kaj de la Volapüka Klubo franca* :

« Vous avez eu la bonté de m'envoyer votre excellente brochure. *Dœ bukav : de l'imprimerie*, en Volapük avec traduction française. Vous l'avez fait précéder d'un extrait d'une lettre de Descartes au père Mersenne (datée d'Amsterdam du 20 novembre 1629) qui dit : « Si quelqu'un avait bien expliqué quelles sont les idées simples qui sont en l'imagination des hommes et desquelles se compose tout ce qu'ils pensent et que cela fut reçu par tout le monde, j'oserais espérer une langue universelle fort aisée à apprendre, à prononcer et à écrire..... Or, je tiens que cette langue est possible ».

Eh bien ! peut-on appliquer ces paroles remarquables du grand philosophe au Volapük ? Où trouverez-vous dans la création de Schleyer seulement l'idée d'une idée de l'Idée de Descartes ? N'êtes-vous pas persuadé maintenant que la création du D^r Esperanto réalise aujourd'hui, après deux siècles et demi, la grande et vraie pensée de Descartes et que, s'il était donné à celui-ci de descendre parmi nous, ce ne serait pas à M. Schleyer mais au D^r Esperanto qu'il présenterait la palme ?

# APPENDICE

## ÉTAT ACTUEL DE LA LANGUE UNIVERSELLE

Les meneurs volapükistes continuent à faire trombonner dans leurs journaux que le nombre de leurs adeptes s'élève à 2, 3, voire même 5 millions ! Ça pousse, ça pousse comme des champignons. Mais *l'Annuaire des Diplomés (Yelabuk pedipedelas)* que vient de faire paraître le D$^r$ Kerckhoffs ne donne que 2000 noms et encore parmi ceux-ci comprend-il les morts et ceux, qui depuis longtemps déjà, ont jeté aux orties la défroque volapükiste. Sur ces 2000, il y en a environ 800 pour l'Allemagne, 300 pour la France, 60 pour l'Angleterre, etc. Vouloir estimer, d'après ces chiffres, quel est le nombre exact de tous les volapükistes est chose tout à fait impossible. Celui qui est le plus près de la vérité est encore M. Jules Lott, de Vienne, qui fixe à un millier au plus le nombre de ceux qui s'adonnent sérieusement à l'étude du Volapük.

Très intéressante cependant est l'énumération que fait le D$^r$ Kerckhoffs des différents essais de langues universelles tentés depuis 1617 jusqu'à nos jours. Il y en a plus de cent, dont 28 depuis que le Volapük a fait son apparition mais qui, pas plus que le Volapük lui-même, ne doivent aspirer au succès.

Depuis que M. Einstein a péremptoirement prouvé que le Volapük ne repose sur aucune base solide, que ses mots très difficiles à saisir, sont d'autant plus désagréables à entendre, et qu'en somme il ne plait à personne, les volapükistes les plus zélés commencent à se rallier à l'admirable conception d'Esperanto, la *Lingvo internacia* que nous appellerons désormais tout simplement l'**Internacia**. C'est ainsi que le secrétaire de l'*American Philosophical Society*, M. Henry Phillips jr, a fait paraître la grammaire d'Esperanto en anglais (New-York, Henry Holt et Company) ; et que M. le D^r Blanchard, secrétaire général de la Société zoologique de France s'occupe aussi très sérieusement de l'étude de l'*Internacia* pour pouvoir en parler au grand Congrès international de zoologie qui doit se tenir à Paris le 5 août et lui réserver, dans son *Rapport sur la question d'une langue scientifique internationale*, la place qui revient à cette merveilleuse invention.

M. le baron de Mainow, à Saint-Pétersbourg, autrefois volapükiste, aujourd'hui Esperantiste a fait savoir à M. Einstein, que Max Müller, l'éminent philologue de l'Université d'Oxford, lui avait écrit que l'*Internacia* lui plaisait mieux que le Volapük, (voilà un jugement qui en vaut beaucoup d'autres) ! et que S. E. le grand-duc Konstan Konstantinowich lui avait donné l'autorisation de traduire ses ouvrages en *Internacia*, ce à quoi il travaille en ce moment.

Le bagage littéraire de l'*Internacia* va grossissant ; nous avons déjà nommé la jolie nouvelle de A. Grabowski, un des meilleurs traducteurs de l'Internacia, *La negha blovado :* la Tourmente de neige, traduit du russe de Pushkin, et sa traduction de la comédie de Goethe : *La Gefratoj :* Les frère et sœur ; nous lui devrons bientôt aussi un guide de conversation international. M. L. Einstein, de son côté, prépare en ce moment une étude scientifique : *La lingvo de la homo paleolita :* La langue de l'homme à l'âge de pierre, traduit de l'anglais du D^r Brinton, professeur à l'Université de Pensylvanie.

C'est à la Société de philosophie de Philadelphie que revient le mérite d'avoir mis à nu tous les défauts du Volapük et d'avoir posé les principes suivant lesquels la langue de l'avenir devra être bâtie. En même temps, elle invitait toutes les Sociétés savantes de tous les pays à se réunir en Congrès pour étudier, sous toutes ses faces, la question d'une langue universelle. Vingt Sociétés savantes ont déjà répondu à son appel, entre autres la Société zoologique de France, représentée par M. Chaper et le D^r P. Fischer ; le Sénat de l'Université d'Edinbourg, la Royal Danish

Reademy of Sciences and Letters, la Société géographique de Halle, la Batavian Society de Rotterdam, etc.

Un des premiers principes d'une langue universelle est, avons-nous dit, d'être accessible à tous par sa logique et sa simplicité. L'*Internacia* d'Esperanto peut y prétendre.

Un exemple : Un diplômé volapükiste de M. Kerckhoffs, M. V. Stein, à Copenhague, s'est trouvé à même, sans aucune étude préparatoire et sans le secours de dictionnaire, de traduire librement une carte postale que lui avait écrite, en *internacia*, M. Einstein ; et, après quelques heures d'étude, il a pu lui répondre très correctement : « *L'internacia estas tre bela, kaj pli bela ol volopük jes pli bela ol la lingvo itala.* » Qui pourrait, si peu préparé, manier aussi aisément le Volapük ?

On peut le dire bien haut : l'*internacia* du D$^r$ Esperanto est un très grand progrès sur le Volapük ; M. Kerckhoffs finira bien par l'avouer lui-même et reconnaître l'inutilité de ses efforts à faire adopter en France le système essentiellement allemand de Herr Schleyer. Déjà le nombre de ses partisans va sans cesse diminuant, les Sociétés volapükistes se désagrègent un peu partout (1) et l'harmonie est loin de régner dans les sphères dirigeantes où l'on ne veut pas reconnaître la suprématie du D$^r$ Kerckhoffs. Ce que je ne comprends pas, moi qui connais M. Kerckhoffs, c'est qu'il s'obstine à vouloir rester dans cette pétaudière et s'entiche ainsi d'une chose aussi imparfaite que le Volapük ; c'est, pour moi, une énigme.

Auguste DEMONGET.

---

(1) M. Einstein m'écrit qu'à Nuremberg — autrefois un des centres volapükistes les plus importants — tous les membres de la *Société volapükiste* ont tourné casaque et ne s'occupent plus que de l'internacia !

Bulletin à l'INTERNACIA

### Promeso

Mi, subskribita, promesas ellerni la proponitan de Dro Esperanto lingvon internacian, se estos montrita, ke dek milionoj personoj donis publike tian saman promeson.

*Subskribo :*

### Promeso

Mi, subskribita, promesas ellerni la proponitan de Dro Esperanto lingvon internacian, se estos montrita ke dek milionoj personoj donis publike tian saman promeson.

*Subskribo :*

### Promeso

Mi, subskribita promesas ellerni la proponitan de Dro Esperanto lingvon internacian, se estos montrita, ke dek milionoj personoj donis publike tian saman promeson.

*Subskribo :*

### Promeso

Mi, subskribita, promesas ellerni la proponitan de Dro Esperanto lingvon internacian, se estos montrita, ke dek milionoj personoj donis publike tian saman promeson.

*Subskribo :*

N.-B. — Le Dr Esperanto prie le lecteur de vouloir bien signer un de ces blancs-seings et de les lui adresser, tout en distribuant les autres à ses amis et connaissances.

Adresse : Dr Esperanto, rue Prjeïozd, n° 9, Varsovie.

| Nomo: | Nomo: |
|---|---|
| Adreso: | Adreso: |

| Nomo: | Nomo: |
|---|---|
| Adreso; | Adreso: |

# LISTE DES OUVRAGES

### SUR LA

# LANGUE INTERNATIONALE

### DU D<sup>r</sup> ESPERANTO

### PARUS JUSQU'A CE JOUR

**D<sup>r</sup> ESPERANTO.** — Langue internationale préface et manuel complet :

1. A l'usage des Russes, fr. 0 40
2. — des Polonais ... 0 40
3. — des Français ... 0 50
4. — des Allemands. 0 50
5. — des Anglais ..... 0 50
6. Petit dictionnaire internacia russe .................. 0 10
7. Petit dictionnaire internacia polonais .............. 0 10
8. Petit dictionnaire internacia français .............. 0 10
9. Petit dictionnaire internacia allemand ............. 0 10
10. Petit dictionnaire internacia anglais .............. 0 10
11. DUA LIBRO DE LINGVO INTERNACIA (deuxième livre de la langue internationale, écrit entièrement en internacia) ..... 0 60
12. ALDONO AL LA DUA LIBRO DE L'LINGVO INTERNACIA (Appendice au deuxième livre de la langue internationale) ........... 0 25
13. PLENA VORTARO RUSA INTERNACIA (dictionnaire complet russe internacia) ........................ 2 50
14. MEZA VORTARO INTERNACIA GERMANA (dictionnaire moyen, internacia allemand) ................ 0 60
15. **L. EINSTEIN.** LA LINGVO INTERNACIA, etc ........... 1 25
16. WELTSPRACHLICHE ZEIT- UND STREITFRAGEN. Volapük und Lingvo internacia nebst einer Beilage enthaltend den neusten Bericht der Amerik. Philosoph. Gesellchasft von Philadelphia über eine internationale Sprache ... 0 60
17. **A. GRABOWSKI.** — LA NEGHA BLOVADO. RAKONTO DE A. PUSHKIN. (La Tourmente de neige. Nouvelle de A. Pushkin). En internacia ...... 0 40
18. LA GEFRATOJ. Komedio de Gœthe. (En internacia ........................... 0 40
19. **HANEZ.** — SAFAH ACHAT LEKULAMU (Manuel de la langue internationale d'Esperanto). En hébreu ..................... 0 50
20. **N.-N.** — RUSA TRADUKO DE LA DUA LIBRO DE L'LINGVO INTERNACIA. (Traduction russe du « Dua Libro ») .................. 0 60
21. RUSA TRADUKO DE LA « ALDONO AL LA DUA LIBRO » (Traduction russe de « l'Aldono »).. 0 25
22. **HENRI PHILLIPS** jr. AN ATTEMPT TOWARDS AN INTERNATIONAL LANGUAGE. By. D<sup>r</sup> Esperanto, translated by Henri Philipps jr, a secretary of the American Philosophical Society. Together with an english international vocabulary compiled by the translator (New-York, Henry Holt Cy, 1889).

Montluçon, imprimerie DESLINIÈRES et Cⁱᵉ.

# EXTRAIT DU CATALOGUE

DE LA

# LIBRAIRIE AUGUSTE GHIO, ÉDITEUR

Palais-Royal, 1, 3, 5 et 7, Galerie d'Orléans, Paris

### Etude de la langue allemande.

**Cousin** (E.). — *Nouveau dictionnaire de poche français-allemand et allemand-français.* 7ᵉ édition. 1 vol. in-18, broché... 3 25

**Feller** (F.-E). — *Nouveau dictionnaire de poche français-allemand et allemand-français,* contenant tous les mots indispensables à la conversation familière, ainsi qu'aux voyageurs et hommes d'affaires. 45ᵉ édition. 1 volume in-32, cartonné à l'anglaise.................................................. 2 75

**Kaltschmidt** (J.-H.). — *Dictionnaire trésor français-allemand et allemand-français.* 6ᵉ édition. 2 vol. in-8º, brochés.. 7 50

### Etude de la langue anglaise.

**Feller** (F.-E.). — *Dictionnaire de poche français et anglais et anglais-français.* 1 volume in-32, reliure toile......... 3 »»

### Etude de la langue italienne.

**Aguenza** (G.). — *Nouveau dictionnaire de poche français-italien et italien-français.* 1 vol. in-32, reliure toile...... 4 »»
— *Le même,* relié en 2 volumes. Chaque volume......... 2 »»

### Etude de la langue espagnole.

**Booc-Arkossay.** — *Petit dictionnaire de poche espagnol-allemand et allemand-espagnol.* 5ᵉ édition. 1 vol. in-16, relié. 6 75

### Etude de la langue russe.

**Makaroff** (N.-P.). — *Dictionnaire complet des langues française et russe.* 3ᵉ édition. 1 volume in-18, broché...... 4 50

### Etude de la langue hollandaise.

**Thieme.** — *Dictionnaire de poche français et hollandais,* revu par Teding van Berkout (B.-L.). 2 volumes in-32, reliés. Chaque volume se vend séparément............................. 3 »»

### Dictionnaires en plusieurs langues.

**Fuchs** (P.). — *Dictionnaire de poche des langues russe, allemande, française et anglaise.* 4 volumes in-16.
Chaque volume broché.................................. 4 »»
Chaque volume relié.................................... 5 »»

---

*Le Catalogue est adressé* FRANCO *à toute personne qui en fait la demande.*

---

Montluçon, imp. Desliniéros et Cie.

www.ingramcontent.com/pod-product-compliance
Lightning Source LLC
LaVergne TN
LVHW020052090426
835510LV00040B/1673